강 만 시인

국립중앙도서관 출판시도서목록(CIP)

허허虛 : 강만 시집 / 지은이: 강만. -- 광주 : 시와사람,
2017
p. ; cm. -- (시와사람 서정시선 ; 055)

광주문화재단의 문예진흥기금을 지원받아 제작되었음
ISBN 978-89-5665-489-8 03810 : ₩10000

한국 현대시[韓國現代詩]

811.7-KDC6
895.715-DDC23 CIP2017012095

허허虛

강 만 시집

시와사람

허허虛

■ 서시

시여
나의 눈물이여

미소 뒤에 숨어서
말을 아껴라

묵언수행을 마친 날
아침처럼.

■ 주제시

허허虛

삼 천 년 전쯤이었을까
먼 나라에 지혜로운 왕*이 살았더란다
그는 칠 백 후궁의 배위에서
이승의 부귀영화를 다 누려본 후
-헛되고 헛되며 헛되고 헛되니
모든 것이 다 헛되도다
크게 탄식을 했다는데

虛虛虛虛虛

짊어진 욕망의 무게가 버거울 때
따라 읊조려 보면
옳거니,
한 삼 백 근 쯤
가벼워지는 듯도 하다.

*솔로몬 왕

차례

1

2

3

1

토루소* 2

1980
광주!

*머리와 팔 다리가 잘린 몸통만의 조각품

개화기(開花期)

몰래 오던 봄이 지뢰를 밟았다
꽃잎 터지는 소리에 놀라
뛰쳐나가보니

천지
개벽이다!

불가사의

아이가 여윈 젖가슴에 빨대를 꽂고
엄마를 먹고 있다
엄마의 얼굴에 행복이 가득하다

세상에!
먹히면서도 저럴 수가.

여행

우주의 별들을 찾아다니며
여행을 한지 몇 광년이 흘렀을까
그 많은 별들 중 그대를 만난
이번 생애의 별이 가장 아름다웠네라.

눈사람

내가 죽어야 세상에 꽃이 핀다면
그리하리라
들녘의 언 목숨들
내가 죽어야 너희들이 부활한다면
그리하리라
햇살의 탄환을 온몸으로 맞으며
나의 피로 대지를 적시리라

골고다 언덕의
그분처럼.

똥과 밥

쇠똥을 밟았다
퉤퉤 침을 뱉고 돌아섰다
가족과 둘러앉아 저녁을 먹던 쇠똥구리가
한 말씀 하신다

남의 밥에 함부로 침 뱉지 마라
죄로 간다.

신의 권태

몇 살쯤이나 되셨을까?

섣달그믐 날
늙은 하느님이 양지쪽에 쪼그리고 앉아
하품을 하신다
올해도 하느님은 죽지 못했다

영생(永生)은 재앙이었다

때가 되면 죽을 수 있는
사람이 부러웠다.

덕장을 지나며

순교자들일까?

집단처형 되어
형장에 내걸리면서까지
저들이 목숨으로 지키려 했던 신념은
무엇이었을까

가슴이 서늘해 온다.

분만실에서

엄마 자궁에서 갓 태어난 아기가
손에 쥐고 나온 수저를 살펴보더니
자지러지게 울음을 터뜨린다

으-앙 이건
흙수저잖아!

목수

나는 힘센 목수였다
평생 못질만하며 살았다
아무데나 못을 쾅쾅
돌이킬 수 없이, 치명적으로, 깊숙이 박았다

어머니는
내가 잔인하게 박아놓은 수많은 못을
가슴에 꽂은 채 떠나셨다

늦게야 나는 망치를 놓고
통곡했으나
못을 뺄 수는 없었다.

성 추행

고추밭에 오뉴월 땡볕이 찾아와
풋고추를 만지작거린다
풋고추가 점점 붉어지더니
탱탱하게 일어선다.

노숙자

변두리 공터에 밤비 내린다
노숙하고 있던 모래알들이 잠 못 이루고

뒤척인다
뒤척인다

저들도
해결해야할 빚이 있고
용서받아야할 무엇이, 혹은
뼈에 사무치는 그리움이 있는 것일까

7년 째 증발해버린
아버지처럼.

길 건너기

우리 동네
길 오른쪽에는 희망 산부인과
길 왼쪽에는 행복 장례식장이 있다

그 길을 건너가는데 사람들은
한평생이 걸렸다.

호수

사랑도
얼마나 지극한 사랑이기에

호수는 평생
하늘을 품고 살고

하늘은 평생
호수의 품을 떠나지 않네.

겨울나비

눈이 온다

아득히 먼 설국의 장미원에서
꽃잎처럼 날아와
천 년 전 춤사위 그대로 춤을 추는
겨울나비
현란한 욕망의 의상은 벗어 던지고
오직 순결한 순백의 옷을 입었다
하늘에 발자국을 찍으며
시린 맨발로 빙하기를 건너는
저들의 춤이 끝나면

꽃을 들고
봄은 오리라.

꼬막

어떤 고문에도
결코 입을 열지 않았다

펄펄 끓는 물속에 처박혀
숨을 거둔 뒤에야
비로소 입을 열었다

지조 높은
조선의 선비다.

모닥불

낡은 몸에 달라붙는 맹추위를 뜯어내며
공사판 인부들 모닥불을 지핀다
못 박히고 잘려나간 허드레 나무들이
불속에 던져진다
토닥토닥 뼈마디 터지는 소리, 육탈의 소리
이윽고 한 생을 마감한 나무들의 영혼이
별이 되어 하늘로 날아오른다
눈처럼 어둠이 쌓인 변두리 공사판
인부들은 순한 짐승처럼 모닥불에 모여들어
정직하게 살아온 옹이 박힌 손들을
불 앞에 내어민다
모닥불은 가난한 그들의 빈손에
따뜻한 온기를 한 움큼씩 쥐어주신다
불 속에 신의 얼굴이 어른거렸다.

수목장

사과나무의 한 끼 서러운 밥이 되고
나는 지상에서 사라지리라
사과나무의 피가 되어 나그네처럼
사과나무 속을 떠돌다가
볼 고운
사과가 되리라

그리움 이기지 못해
언젠가 꽃을 들고 그대 찾아와서는
사과나무 밑을 서성일 때면
나는 잎새 뒤에나 숨어
붉게 붉게 울리라

사뭇 그리워도 견디리라.

압구정동 풍경

고품격 의상을 걸치고
퇴폐한 자본주의처럼
쇼윈도 안에 마네킹이 서있다
오렌지족을 따라갔는지 머리가 없다

오래 동안 쇼윈도 안을 기웃거리던 여자가
간절한 마음으로 자기 머리를 잘라
마네킹 위에 얹어본다 황홀하다!
경계를 넘어 마네킹이 걸어 나온다

쇼윈도 앞에 머리 없는 여자가 서있다
거리에 범람하는 저 마네킹들.

우문현답

가난한 사위와 딸이 먼 곳에서 밤늦게 처갓집을 찾아왔다

장모는 서둘러 된장국에 보리밥 한 상을 차려왔다

사뭇 배가고픈 사위는 국을 말아 둘둘둘 마시듯 급히 먹었다

옆에서 보고 있던 장모, 체할 것이 걱정되어 한 마디 건낸다

이 사람아 씹도 않고 먹는가?

장모 말이 민망했던지 사위가 얼굴 붉히며 대답 한다

먹고 할라요.

단풍

봄부터 애타게 기다려도
끝내 오지 않았다

가을이 되자
독한 그리움 한 사발을 마시고
피를 토한다.

고슴도치

치명적인 그대

사랑하였으므로
깊게 포옹했다
피가 솟아 뼈에 스몄다

이미 각오했나니
고통 없는 사랑이 어디 있으리

천 개의 상처에서
천 개의 붉은 꽃망울이 맺혔다.

밤송이

억척스럽게 가시를 세우고
온몸으로 감싸 기르던 자식들

때가되자 모두 세상에 내보내고
껍데기만 남아 발에 밟히는

어머니.

안해

장모님 병간하느라
아내가 친정에 갔다
날이 갈수록 아이들도 나도 풀이 죽었다
초저녁 들녘처럼
집안이 점점 어두워졌다

오호라 그래서 아내는 안해였구나
집안의 해였구나
내 안의 해였구나

그래서 밤에도 그리
뜨거웠구나.

잔인한 봄

봄이다

지난겨울 토막 쳐 쌓아놓은
나무 등걸에서 싹이 돋아

연둣빛 여린 입술로
죽은 어미의 젖을 빨고 있다.

득도(得道)

깨달음이 깊은 노스님이 산을 가리키며
아이에게 물었다
저것이 무엇이냐
산이요
물을 가리키며 다시 물었다
이것은 무엇이냐
물이요
아이는 거침없이 대답을 했다
노스님이 무릎을 치며 감탄했다
옳거니, 산은 산이요 물은 물이로다
나는 평생을 바쳐 깨우친 도를
너는 이미 알고 있구나
아이는 어리둥절하여
그저 웃었다.

못

그대가 가슴에 박아놓은
못

고통을 견디면서도
평생 뽑아내지 못하는 것은

고통이 사라지면
그리움마저 사라질까
두려워서다.

백장미

병약한 자식 기르느라
어머니의 머리는 마를 날이 없었다
날이면 날마다
머리 감고 칠성당에 지성을 드렸다

머리에서 검은 물이 다 빠져나가고
일찍 백발이 되었다

쪽진 머리가
백장미처럼 고왔다.

탈출

두루마리 휴지를 집어 들다 놓쳤다
흰 꼬리를 손에 잡힌 채
또르르 굴러
청설모처럼 달아난다

순간 펼쳐지는 하이웨이!

길 없는 길을 내며 질주하는
거침없는 탈출이 유쾌하다.

바보 덕만이

가난한 덕만이는
칠순 노모와 둘이 살았다

여름밤 노모는 모기 때문에
잠을 이루지 못 했다 궁리 끝에
덕만이는 옷을 홀랑 벗고
노모 곁에서 잤다

밤사이
노모는 편히 잠들었고
덕만이 몸에는
불긋불긋 복사꽃이 만발했다.

폐차

왕년에는 무법천지로 거리를 질주하며
노약자들을 겁주던 그 폭력배가
나이 들어 힘 빠지자 저거 봐
오늘은 소나기에게 폐차장으로 끌려가
호되게 두들겨 맞고 있다
바닥에 피가 흥건하다

쓰러져 하늘을 보는
눈망울이 애처롭다

회초리

깨어있으라
깨어있으라

파도가 쉴 새 없이
회초리로 바다의 등을 친다

영혼이 깨어있어 바다는
천 년 푸르다.

위험한 생존

태양이 긴 혀로 지구를 감아
휘익 돌린다
지구가 기우뚱 한 쪽으로 기울면서
팽이처럼 돈다
바닷물이 달의 얼굴로 쏟아진다
달이 뿔났다

아슬아슬한 우주
우리가 오늘도 무사한 건
기적이다.

매제 심 서방

어쩌다 초년에 길 잘못 들어
평생을 가시방석에서 살면서도
그래도 세상은 살아볼만한 곳이라고
탱자나무 울타리에 앉아
넉넉하게 웃고 있는

저기 저
늙은 호박 한 덩이.

막차를 기다리며

고물 창고 옆에 늙은 의자가 앉아있다
청춘의 시절을 다 보낸 벚꽃들이
봄비처럼 내린다
먼 길 가려면 쉬었다 가시게
의자가 꽃잎들을 불러 자리를 내어준다
이승의 끄트머리에서
햇빛 한 자락 끌어다 나누어 덮고
늙은 의자와 꽃잎들이 도란도란
막차를 기다리는
봄날 오후

아득히
기차소리가 들려온다.

창호지

매서운 겨울의 칼바람도
그의 가슴팍을 뚫지 못 했다

그리하여 그는 온몸으로
조선의 백성들을 추위에서 구했다

그 강한 가슴팍도
아이의 눈물에
뻥 뚫렸다.

불의 사내*

불 속에서 불쑥 문명이 태어났다
문명은 총과 칼을 만들어 냈다
원시의 낙원은 파괴되고
지상에는 전쟁이 들꽃처럼 피어났다
이게 아닌데
이게 아닌데
하늘에서 불을 훔쳐다 준 사내는
크게 후회 했다
신이 인간에게 왜 불을 주지 않았는지
비로소 사내는 깨달았다

간은 계속 돋아나고
피가 산을 덮었다.

*하늘에서 불을 훔쳐다 인간에게 준 프로메테우스

오만 원

인물은 시대가 만든다더니
천하의 요조숙녀 신사임당도
자본주의 시대에 태어나니 별수 없다
단 돈 오만원에 얼굴을 판다

돈 많은 사내들 품에 안겨 다니다가
오늘은 내 품에 안겼다
가문이고 명예고 다 팽개치고
퍽도 놀아난다
언감생심 이 시대가 아니면
어찌 조선 제일의 여자를 품을 수 있겠는가
나는 퇴폐한 자본주의가
마냥 좋았다.

43 섬

한필용 김영화 민수철 강만길 김종길 박순영 진길자
문영자 최만호 이수영 박수자 황귀님 김지환 강희자
김철호 황하영 문필호 조문자 이상철 박영호 최한호

오래된 졸업앨범을 읽는다
대부분 기억에서 탈출해버렸거나
알만한 친구들은 다 하늘로 이사 가버렸다

나는
망망대해 남은 섬 하나

그립고
두렵다.

바람

바람이 오셨다

나무들은 하늘 높이
푸른 손을 흔들며 환호하고
풀들은 일제히 엎드려
경배 했다

바라건대 내 조국에도
저런 분이 계시면 참 좋겠다.

강아지풀

태풍이 분다
돌담이 무너지고
큰 나무들이 쓰러지는데
참 괴이한 일이다
저 여린 강아지풀의
가는 모가지는 멀쩡하다

바람이 멎자
땅에 잠시 엎디어 있던 강아지들
꼬리 살랑살랑 흔들며 일어선다.

2

애기똥 꽃

봄날
엄니는 밭두렁 풀을 매고
세 살 박이 막둥이는 그 옆에서 나비랑 논다

끙끙거리더니 아장바장 걸어가
풀숲에 똥을 눈다

죄 없는 세상
똥도 이쁘다.

성냥

건들지 마라
조용히 살고 싶다

열 받으면

나 죽고 너 죽는다.

부질없는 일

꽃다발의 꽃들이 가슴에 안겨서
서로 미모를 다투고 있다

모가지가 댕겅
잘린 줄은 알고 있을까?

별 헤는 밤

청명한 가을 밤
하늘에도 탄핵을 받아야할
나라님이 있나보다

촛불시위가 한창이다

바람 불어도 꺼지지 않는 촛불들
헤일 수 없다,

비오는 날의 우화

외딴집
처마 끝에서 빗방울들이 내려온다
줄을 서서 나란히 나란히 내려온다
가슴에 하얀 손수건을 달고
선생님이 하나, 둘, 하면
빗방울들이 셋, 넷 하며 내려온다
마루에 쪼그리고 앉아 구경하던 영구 할배
빗방울들 속에서
순자의 얼굴을 찾아냈다

가시나야
너도 이제 많이 늙었제?

아름다운 검객

벌레 한 마리에도 소스라치고
꽃잎 한 장
지는 소리에도 글썽이던 그녀가
사슴의 눈처럼 생긴 그녀가
피를 부르는 잔인한 검객이 되었다
칼솜씨가 놀라웠다

오늘도
가족의 따뜻한 저녁 밥상을 위해
고등어의 목을 치는

나의 신부.

문어(文魚)

글공부깨나 했다고
머리통에 먹물이 그득하다
배울 만큼 배웠으니
그래도 뭔가 한 가락 할 줄 알았더니
제 몸 하나 반듯하게 가누지 못하고
여기저기 빌붙어 살다가 결국
작살을 맞았다

에라 이
뼈대 없는 녀석.

옥수수 풍경

가을 저녁
깡마른 할미가 손주를 업고
텃밭에 서있다
등에 업힌 손주의 눈망울이 또록또록하다

날은 저물고
수수수수 옷깃 스치는 바람소리

쓸쓸함이 뼈에 스민다.

매화꽃 쓸다

어머니가 심어놓고 가신 매화나무에
매화꽃 피었다
진다

대비로 곱게 꽃잎을 쓸어내고
뒤돌아보니
꽃잎은 깨끗이 쓸어졌는데
쓸어도 쓸어도 쓸어지지 않는 것이
그 자리에 그대로 남아있었다

꽃잎처럼 엎드려 우는
그리움이었다.

그 여자

풍금소리 같은 여자
사랑하였으나
이름 한 번 불러보지 못했다

여자 아닌 여자

어머니

늙은 스승

거울 속에 스승님이 계신다
가끔씩 나를 불러 세우고는 한 말씀 하신다

나이값 해라
맘 비워라

자주 듣는 잔소리가 지겹기도 하려니와
평생 나를 가르치시며 도리 없이 늙어버린
그분의 얼굴 보기가 민망해서
요즘은 아예
거울 앞을 슬슬 피해 다닌다.

농기구

왕년에는 힘 좋은 농기구였다
그 농기구로 숨 할딱이며
부지런히 씨 뿌려 농사를 지었다

늙은 농부는
은밀한 곳에 간수해온 그 낡은 농기구를
가끔씩 꺼내어보며
힘 좋았던 시절을 추억한다.

이제는 낡아 쓸모없게 되었지만
그래도 그 농기구 덕분에
육남매 자식농사는 퍽 잘 지은 셈이다

평등공화국

책방에서 밀려난 시집들은
고물상으로 직행 한다
그곳에서는
유명이건 무명이건
세상의 명성 따위는 통하지 않는다
오직 무게만으로 가치를 정한다
유명 시인의 얄팍한 시집보다
내 시집을 더 비싸게 쳐주는 곳은
세상에서 그곳밖에 없다
정말이지 온 세상이
고물상이었으면 좋겠다.

유통기한

그대에게 통조림 한 통 보냅니다
이 통조림의 유통기한은
짧게는 18개월 길게는 30개월쯤입니다
그 기간 동안에 맛있게 드십시오
유통기한이 지나면
달콤하고 황홀한 맛이 사라지고
차츰 변질되기 시작할 겁니다
워낙 순수하고 복잡한 감정을 뒤섞어
제조한 것이어서 길게는 못갑니다
무슨 통조림이냐구요?

사랑이지요.

구름사냥

아빠는 잠만 잤다
아빠 배고파요
아이들이 칭얼대자 아빠는 사냥총을 메고 나가
하늘 초원의 양떼구름 속에서
의기양양하게 양 한 마리를 잡아왔다
옜다, 배부르게 먹으렴

실직한 뒤부터
아빠는 낮에도 잠만 잤고
자다가도 벌떡 일어나
뜬구름만 잡았다

배가 고팠다.

스승

깨어있으라
깨어있으라

파도가 회초리를 들어
바다의 등을 친다
쩌억쩍 핏줄이 서고
고통으로 다져진 바다의 눈동자가
푸르게 빛난다

깨어 있어
바다는 천 년
썩지 않는다.

소금 꽃

염전에 꽃이 핀다

오뉴월 땡볕 아래
염부 만덕이의 당그래 질이 지난하다
밀고당기고 밀고당기고
염전 가득 흰 개망초꽃 흐드러진다
자식 놈 학자금 마누라 약값 짊어진
만덕이의 젖은 등짝에도
꽃은 허옇게 피어

별처럼 눈부시다.

비누

세상의 검은 손을 부드럽게 감싸며
하루치 죄의 흔적을 지워주신다

깨끗하게 살아라

묵언으로 당부하는 그분의 몸이
하현달처럼 여위어 간다.

빈집

당숙모
딸 넷 다 여우고 혼자
고향집 마루에 앉아 늙어 가신다
육덕 좋던 몸뚱이가
수수깡처럼 가벼워지셨다

어느 날은 저녁 무렵
사립문을 열고 들어온 바람의 등에 업혀
나비처럼 훌쩍 날아가셨다

혼자 남은 빈집만
컹컹 짖었다.

타이밍

그날
지인의 아들은 파리 샹젤리제 거리에서
질주해오는 승용차와 충돌했다
그 승용차와의 충돌시간을 맞추기 위해
지인의 아들은 이틀 전에
파리에 도착했고
5분 전에는 커피를 서둘러 마셨고
3분 전에는 호텔에서 나와
그곳으로 달려간 것이다
절묘한 타이밍이었다.

찐 달걀

순자가 치마 속에
엄니 몰래 훔쳐온 찐 달걀을
뒤안 돌담 너머로
낼름낼름 받아먹던 덕팔이
팔자가 개떡 같아서
순자 먼저 훌쩍 시집가고 말았다

세월이 이만큼 흘렀으니
그리움 하마 삭을 법도 하련만
오일장 해 어스름 녘
소주 몇 잔 걸친 덕팔이는
돌담 돌아오다 꺼억꺼억
늙은 가슴을 친다
가슴을 친다.

나이테

곧고 푸르게 살아가는 나무에게
함부로 돌을 던지지 마라

겉으로야 초연하지만
고통을 견디는 가슴속엔
파문이 인다.

행복한 주유(注油)

부지런하기로 소문난 주유소 김씨
차의 주유구에 탱탱한 주유기를 넣고
콸콸콸 힘 좋게 주유를 한다
주유를 마치면 빌빌거리던 차들도
신바람이 나
씽씽 달려 나간다
밤늦게 집에 돌아와서도 김씨는
부지런히 주유를 한다

낼 아침엔 아내도
씽씽 달릴 것이다.

은밀한 이유

누님이 청상이 되었다
외딴집 누님을 지켜주는 것은 개였다
밤이면 누님 집에 아무도 얼씬거리지 못했다

청상으로 삼 년 쯤 살았을까
무슨 이유에선지
누님은 충직한 개를 처분해버렸다

그믐밤이면 가끔씩
검은 그림자가 담을 넘었다.

배신자

복권을 샀다
지갑 속에 고이 접어 왼쪽 가슴에 모셨다
한 주일이 행복했다
백만장자의 꿈은 황홀했다
밤마다 빌딩을 몇 채씩 짓고
지었다가는 허물었다

꿈의 동지였던 복권은
그러나 주말이면 어김없이 나를 배신했다
나는 배신자를 가차 없이 처형했다
쓰레기통에 수북이
배신자의 시체가 쌓여갔다

진정한 동지는
언제쯤 만날 것인가.

용기

종이컵은 어느 날 광장에서
손에 손에 촛불을 든 약자들의 눈물을 보았다
바람이 몰아쳐 촛불이 꺼질 듯 위험했다
종이컵은 동료들과 함께 광장으로 몰려가
온몸으로 촛불의 바람막이가 되어주었다
비와 바람의 폭력에 구겨지고 찢겨지면서
종이컵은 마침내 광장에서 순절했다

세상에서 가장 용기 있는
용기(容器)였다.

어머니의 시력

어머니가 자꾸 늙어가십니다
안과에 다녀 올 때마다
안경알이 점점 두꺼워집니다
어머니의 흐린 시력은 내 얼굴에서
세월의 발자국을 보지 못 합니다
그분의 눈에는 언제나 앵두 같은 소년입니다
아가, 차 조심하거라 그럴 때마다
육십 먹은 소년은 행복합니다
세상의 모든 눈들이 어머니의 눈처럼
조금씩 흐렸으면 좋겠습니다
거울처럼 맑아서
슬픈 것도 있으니까요.

낡은 학문

고양이들이 고양이학교에 모여 공부를 한다
사냥시대를 살아온 늙은 선생님이
도수 높은 안경을 끼고
어린 고양이들을 가르치고 있다
자 오늘은 사냥학을 공부 하겠어요
쥐를 잡으려면 쥐보다 빨라야하고
쥐보다 발톱이 강해야 하고
무엇보다 잔인해야 해요
선생님은 쥐를 잡을 때 앞발의 각도와
이빨의 위치 등에 대해서
체험을 바탕으로 사냥법을 자세히 설명 했다
하품을 하고 있던 한 어린 고양이가
질문을 던진다 선생님!
근데 쥐는 잡아서 뭐하죠?
우리는 사료를 먹는데요.

순장

진시황제는 죽었을 때
백 명의 후궁들이 함께 떠났다

며칠 전
지체 높으신 분이 죽었다
국화꽃 만 송이가
목이 잘려 함께 떠났다

피가 낭자했다.

이팝나무

우리 동네 이팝나무들은
오뉴월이면 땡볕에 땀 흘리며 이팝을 짓는다
나무 아래 서면 갓 지은 쌀밥냄새가 고소하다
햇볕 짱짱한 날 어머니가 다시 돌아오시면
이팝나무 아래 모시고 가서
쌀밥 한 그릇 고봉으로 대접하고 싶다
그러면 어머니는 또 그럴 것이다
너나 어서 묵어라
나는 아침을 많이 묵었더니 밥 생각 없구나
항상 우리 몰래만 밥을 묵는 어머니
이팝나무처럼 밥걱정 없는 이 세상에서
한 번만이라도 한 번만이라도
꼭 뵙고 싶다.

오래된 거울

팔순이 넘은 누님의 가방 안에는
낡고 금간 오래된 손거울이 하나 있다
그 거울 속에는 퐁퐁퐁 가슴에 파문을 일으키며
처음 입술연지를 바르던 사춘기의 소녀가 살고 있다
바람 불어 외롭고 쓸쓸한 날이면
누님은 거울을 꺼내들고
그 소녀와 도란도란 이야기를 나누신다
그러다가 문득 소녀의 소년을 떠올리곤 했는데
그럴 땐 아직도 누님의 모습이
배추속잎처럼 순결하게만 보였다

한 생애가 다 저문 요즘도
누님은 오래된 손거울 속으로 들어가
가끔씩 소년을 기다리곤 했다.

피아골의 봄

사람도 죽어서 더러는 꽃이 되는지
국방군 아새끼들
빨갱이 종간나들
백골이 삭아 진토가 된 자리마다
진달래꽃 흐드러져 붉다
국방군과 빨갱이의 영혼들이 꽃그늘에 모여앉아
서로서로 소주병 기우리며
근데 우리 왜 싸웠지비?
그렁께 말이시
사상은 무슨 빌어먹을 사상
거나해진 귀신들 그저 흥겹다
토종 사투리로 뻐꾹새 진종일 우는 봄
화해하면 사람도 꽃이 되는 것인지
계곡의 진달래 흐드러져 붉다.

좀꽃마리를 보며

복사꽃 지는 날
우연히 들녘에서 좀꽃마리 보았네
봄꿈 같은 얼굴로 좀꽃마리는
오래 전부터 나 오기를 기다렸다는 듯
봄날도 마지막쯤에는 기어이 올 줄 알았다는 듯
기다림에 지친 작은 얼굴로
슬픔 반 기쁨 반의 보랏빛 웃음을 웃고 있었네
나는 그 얼굴에 입 맞추며
무심히 지나쳐와버린 인연들에 대해 생각했네
더러는 꽃이 되고 더러는 눈빛 고운 무엇이 되어
지상의 어느 곳에 와 머물고 있을
전생의 인연들이 그리웠네
좀꽃마리 좀꽃마리
아, 전생에서 너는 나의 무엇이었을까
늦은 해후가 가슴 서늘하게 그늘을 치는 오후
슬픔도 없이 복숭아꽃 뚝뚝 지고
인연의 언저리를 아득히 맴돌며
봄날은 그렇게 가고 있었네.

돌부처

그 절간 뒤에는 늙은 돌부처 하나 서있다
처음 돌 속에서 나왔을 때는
이목구비가 뚜렷한 미남 부처였다
세상에 오래 살며 배고픈 비바람에게
귀도 떼어주고 입도 떼어주고
아들 못 난 아낙에게는 코도 떼어주다 보니
두리뭉실 흔적만 남았다
세상의 측은한 것들에게 몸 다 내어주고
적막한 절간 뒤에서

이제는 다시
돌이 되어가고 있었다.

운명의 상속자들

살아서 불평등한 세상
죽어서는 평등 해지려나 기대 했는데
광화문 광장에 가보니 그것도 아니다

살아서 임금은 죽어서도 편한 의자에 앉아있고
살아서 평생 칼 차고 고생하던 장군 한 분은
죽어서도 칼 차고 하루 종일 서서
끙끙.

3

낙화

붉은 꽃 쉬 진다 눈물짓지 마라
뜻을 이루었으니
죽음인들 서러울 것인가

꽃 진 자리
열매가 고웁다.

깊이의 탄생

내리치는 폭포의 폭력을 묵묵히
천 년 견디어 온
소(沼)

깊다.

오동꽃

-고전풍으로

문득
그리움에 창문을 여니
뜨락 오동나무에 달빛 찾아와
스릉 스릉 거문고를 켜네
거문고 소리에
오동꽃 벙글고
천리 밖 임의 향기
옷깃에 스미네.

육감

나뭇잎의 흔들림으로
바람의 존재를 알듯

돌아보지 않아도
가슴 이리 설레임만으로
나는 안다
등 뒤에 그대 와 있음을.

고장 난 눈

신록이 한창 눈부신
오월의 숲에서
내 눈은
추풍낙엽을 본다.

첫 경험

오월이 뜨락의 장미봉오리를 연다
팔도 건달 조선 벌이 눈치 채고
훌쩍 담을 넘어와
장미의 치마 속으로 몸을 디민다
장미가 얼굴을 붉힌다

얼굴 붉히던
순자가 보고잡다.

간이역

눈부신 한 시절을 보내고
벚꽃이 진다

간이역 벤치에 꽃잎들 내려와
더러는 앉고 더러는 누워
기차를 기다리고 있다

지상에서의 아름다운 소멸을 꿈꾸는
봄날 오후

저쪽 산기슭을 돌아 아득히
들려오는 기적소리.

강물에게

강을 버려라
비로소 너는

바다가 될 것이다.

역사는 밤에

가난에 찌든 마을에도
어둠이 찾아와
뚜벅뚜벅 안방으로 들어가더니
한밤중
사람을 만들고 있었다.

춤과 노동

저물녘 노을 속을 나는 새를 보고
시인아 아름답다 노래하지마라
저들의 날갯짓은 춤이 아니라
절박한 노동이다
노동 끝에 잡은 먹이를 차마 삼키지 못하고
육남매 새끼들 기다리는 둥지로 달려가는
검정고무신이다

나는 새의 날개 속에는
새벽이슬처럼 아롱아롱 맺힌
몇 섬의 눈물이 있고
핏빛 가난으로 여윈 어미의
앙가슴이 있다

그러니 시인아
바보 시인아.

나방

유리창에 갇힌 나방이
극렬하게 저항하고 있다
자신을 가로막는 운명을 뚫고 나가려는 듯
집요하게 유리창에 몸을 부딪힌다
부딪히다 부딪히다
기진하여 창 아래 쓸어졌다

처음부터
옆 창문은 열려 있었다.

농부 심 서방

심 서방은 이제 갓 쉰을 넘긴 모범 농부다
면장 상을 세 번이나 탔다
어찌나 부지런하던지 그의 밭에는
씨를 뿌린 것마다 주렁주렁 열매가 풍성했다

농부 심 서방은 밤에도 쉬지 않고
은어처럼 눈부신
아내의 밭에 씨를 뿌렸다

아이들이 아홉이다.

동백

목숨을 구걸하지 않는다
링거를 꽂고
고통을 호소하지도 않는다
눈부신 청춘의 시절
거울 앞에서 화장을 하고
고운님 품에 안기던 모습 그대로
곱게 웃으며 툭!
목숨을 내려놓는다
죽음을 희롱한다

내가 사랑하는 이유다.

문신

흙수저 물고 개천에서 태어난 용만이 놈
못 먹고 못 입고 지지리도 괄시 받더니
커서는 쌈꾼이 되어 조폭노릇 하다
결국 감옥에 갔다

감방 안에서
웃통 벗고 돌아누운 용만이 놈 꿈틀꿈틀
등이 온통 푸른 비늘로 덮혀있다
용이다!

지금도 개천에서
용이 나는구나.

붉은 돌

팽목항에 비가 내린다
팽목항 사람들이 젖는다
노랑나비 떼가 젖는다
세상이 젖는다
팽목항에 피가 내린다
하늘이 피를 쏟는다
팽목항 사람들이 피에 젖어
붉은 돌이 된다
붉은 돌들이 일제히 일어선다

돌팔매에 맞아 죽은 시체가
팽목항 앞 바다에 떴다
한 정권이 무너진 뒤의 일이다.

어떤 고백

고백컨대
나는 그대를 사랑하는 것이 아니다
그대의 육체를 탐하는 것이다
거부하는 그대의 손사래가 치욕적이지만
그래도 나는 목숨 걸고 그대의
살 내음에 취한다

그대의 육체는 언제나
포도송이처럼 달콤하다

비난하지 마라
사랑보다 육체를 탐하는 것은
우리들 모기의
생존방식이다.

어무이

우리 어무이는 참 못 됐다
복날 닭 한 마리 백숙으로 삶아 와서는
나는 묵었응께 너나 어서 묵어라 한다
혼자는 안 묵겠다고 투정부리니까
고기 묵으면 두드러기 난다고
뼈가 맛있다고 뼈만 쪽쪽 빨아 묵는다
언제나 우리 몰래만 배불리 묵고
맛있는 뼈만 쪽쪽 빨아먹는
우리 어무이는
정말 참 못 됐다.

단비

벌써 여러 날 비가 오지 않았다
텃밭의 어린 싹들이 시름시름 앓기 시작했다
어쩌나 어쩌나 하는 사이
빗방울들이 급히 달려와
연두 빛 입술에 젖꼭지를 물렸다
쿨렁쿨렁 젖 먹는 소리가 들녘을 적신다

젖으로 육남매를 기르고 하늘에 오르신
어머니가 그리운 날.

절명시를 쓰다

목포주점에서 소주 두 병과
산 낙지 한 접시를 시켰다
산 채 토막 쳐진 생명 하나가
꿈틀거리며 혼신의 힘을 다해
접시 위에 절명시를 쓴다

- 오냐, 오늘은 나고
  내일은 너다!

무지개

여름 날
넉넉한 앞가슴을 풀어헤쳐
마른 대지의 생명들에게 젖을 먹이는
하늘의 새악씨가 참 대견도해서

하느님은 그의 목에
고운 목걸이를 걸어주었다.

혁명의 계절

2월의 숲은
혁명을 꿈꾸고 있다

나무 나무 나무들
그 견고한 벙커 속에서
완벽하게 준비된 혁명군들이
출동명령을 기다리고 있다
결의에 찬 어둠속
저 초록눈망울들

이제 숲은 곧
천지개벽하리라
가지마다 혁명의 깃발이
창궐하리라.

가을동화2

소녀와의 이별은
재채기처럼 갑자기 왔습니다

이삿짐 트럭을 타기 전
홍시 한 알을 내 손에 쥐어주고
소녀는 서울로 떠났습니다

가슴에 묻은 홍시의 씨앗은
무성히 싹이 돋아
가을이면 주렁주렁 홍시가 열리고
그 아래서 소년은 하염없이
늙어갑니다

평생 바라보는 서울 쪽 하늘은
노을이 곱습니다.

생로병사의 행간에서 밑줄을 긋다

강 경 호
(시인, 문학평론가)

강만 시인의 시적 구조는 짧으면서도 2연으로 된 경우가 많다. 물론 3~4연을 벗어나지 않는다. 이렇듯 짧은 형식의 그의 시는 상황을 제시하고 흩어진 퍼즐조각을 맞추는 형식이 자주 눈에 띈다. 이때 역발상적이거나 비상식적인 정황을 제시하여 독자들을 어리둥절하게 하며 호기심을 자극한다. 그럼으로써 독자들의 상상력을 뛰어넘는 시적 의미와 정서를 연출한다.

가령 「어무이」에서 "우리 어무이는 참 못 됐다"고 첫 행에서 진술한다. 어머니를 '못된 사람'이라고 말하는 자식은 없을 것이다. 그러나 백숙을 삶아와서 "고기 묵으면 두드러기 난다고/뼈가 맛있다고 뼈만 쪽쪽 빨아 묵는" 어머니는 "우리 몰래만 배불리" 먹기 때문에 "정말 참 못 됐다"고 한다. 어머니는 자식에게 고기를 먹게 하기 위해 맛없는 뼈를 빨아먹은 셈이다. 역설을 통해 어머니의 사랑과 희생을 강조한 것이다. 만약에 시인이 '어무이는 나에게 맛있는 백숙을 먹이기 위해 거짓말로 뼈가 더 맛있다 하고 뼈를 빨아 먹으셨다'고 하면 시적 감흥은 사라지고 평이한 진술이 되고 말 것이다. 강만 시인의 시적 전략은 독자들에게 호기심과 감흥, 그리고 설득력을 극대화시킨다.

그러나 이러한 시적 형식도 자주 사용하다보면 식상하고 지루하기 마련이다. 특히 시집 한 권에서 만나게 되면 반복되는 시 형식에서 더욱 고루하게 느껴진다. 하지만 이번 시집은 독자들에게 한 가지 형식만을 보여주지 않는다. 처음부터 호기심으로 독자들의 기대를 모으게 하고 어떤 정황을 독자들에게 제시하여 주제에 몰입하게 하여 결론에 이르는 방식, 관념을 재해석하여 정신성을 추구하는 방식 등 여러 가지 형식을 추구한다.

서두에서부터 강만 시인의 시의 형식에 대해 살펴보는 것은 최대한 말을 아끼고 주제를 강조하고 있기 때문인데, 이러한 그의 시는 서정시의 형식과 본질에 충실하다. 오늘날 말이 많은 난삽한 시가 활개치는 시대에 하나의 모범이 되고 있다.

다양한 형식을 보여주는 강만 시인의 시는 독자들에게 시 읽기의 즐거움을 선사한다. 뿐만 아니라 그의 시는 편하고 쉽게 읽히는 장점이 있다. 오늘날 일군의 젊은 시인들의 내용은 없고 이미지만 난무하는 시를 쉽게 만날 수 있다. 이미지들 속에 갇힌 의미를 읽어내기가 쉽지 않다. 뿐만 아니라 시를 읽어내기 위해 온갖 머리를 쥐어짜며 별별 상상력을

다 해보아도 도대체 메시지가 무엇인지를 알 수 없는 경우가 다반사다. 물론 형식의 새로움이라는 측면에서 나름대로 의미가 있다고 하겠지만, 그러나 "서정시란 무엇인가?"라는 질문에 대답을 구할 수가 없다.

이럴 때 문단 한켠에서 서정시의 위의를 지켜가는 강만 시인의 이번 시집은 서정시가 무엇인지를 명쾌하게 대답해주기에 충분하다. 그의 시는 짧지만 깊은 사유가 깃들어 있어 독자들에게 충분한 사색의 공간을 제공한다. 그리고 '삶과 죽음'이라는 존재의 방식에 대한 질문, 부조리한 현실에 대한 분노와 절망 등 무거운 주제를 역설적으로 희화해버려 해학과 가벼움이 묻어난다. 더불어 평범한 일상의 것들에서 새로운 의미와 이미지를 발견해내는 힘이 강만 시인의 시적 특징이자 전략이라고 할 수 있다.

이번 시집에 나타난 강만 시인의 시세계는 다양한 프리즘을 보여준다. 인간의 삶에 대한 근본적인 탐구를 보여주는 시편, 정신성의 깊이를 묘파한 시편, 자연을 통한 생명성을 내밀하게 살펴보는 시편, 사랑과 에로티즘을 드러낸 시편, 우리 사회의 그늘을 풍자하여 비판하는 시편, 어머니의 사랑과 희생, 그리고 그리움을 나타낸 시편 등 여러 층위의 시적 경향을 보여주고 있다. 결과적으로 인간의 삶과 죽음의 과정에서 만나는 존재의 방식을 탐구한 시집이라고 할 수 있다.

이 글에서는 강만 시인의 다양한 시세계를 경향별로 살펴본다. 특히 작품성이 뛰어나고 행복하게 읽은 작품들을 독자의 입장에서 읽어보도록 한다.

고물 창고 옆에 늙은 의자가 앉아있다
청춘의 시절을 다 보낸 벚꽃들이
봄비처럼 내린다
먼 길 가려면 쉬었다 가시게
의자가 꽃잎들을 불러 자리를 내어준다
이승의 끄트머리에서
햇빛 한 자락 끌어다 나누어 덮고
늙은 의자와 꽃잎들이 도란도란
막차를 기다리는
봄날 오후

아득히
기차소리가 들려온다.

-「막차를 기다리며」 전문

노년의 시간을 지나는 시인의 소회를 나타낸 작품이다. “고물 창고 옆에 늙은 의자”와 “청춘의 시절을 다 보낸 벚꽃들”의 시적 대상에서 보듯 ‘인간’을 내세우지 않고 은유적으로 ‘노년’의 의미를 드러내고 있다. 이는 시인 자신의 처지와 같은 것으로 “막차를 기다리는/봄날 오후”의 한 순간으로 “이승의 끄트머리”이기도 하다. 그런데 이것들과 의미상으로 대척점에 있는 것이 “봄비”이다. 시적 상징으로써의 ‘봄비’가 ‘생명성’을 나타내는 것으로 보아 ‘노년’과 ‘청춘’이 선명하게 대비된다. 그러므로 마지막에 “아득히/기차

소리가 들려온다."고 한다. 이 기차는 삶의 종착역으로 가는 시인의 최근 심정을 반영한 것으로 짐작된다.

다음은 강만 시인의 정신의 거처를 보여주는 작품이다.

매서운 겨울의 칼바람도
그의 가슴팍을 뚫지 못 했다

그리하여 그는 온몸으로
조선의 백성들을 추위에서 구했다

그 강한 가슴팍도
아이의 눈물에
뻥 뚫렸다.

-「창호지」 전문

오늘날에는 많이 사라졌지만 선조들의 삶에서 떼어놓을 수 없었던 '창호지'를 시인은 단지 창문에 붙이던 종이로만 보지 않는다. 겨울이 가까워지면 새로 창호지를 붙였다. 겨울 찬바람에 문풍지를 떨면서 추위를 막아주었다. 두께가 느껴지지 않는 창호지이지만 칼바람도 뚫지 못했다. 이러한 창호지를 화자는 "조선의 백성들을 추위에서 구했다"며 창호지의 강인함을 강조한다. 그러나 "그 강한 가슴팍도/아이의 눈물에/뻥 뚫"리는 것이 창호지라고 한다. 부정적인 것에는 강하고 슬픔의 상징인 눈물에는 약한 것 또한 창호지라고 하며 인간애를 노래하는 시인의 상상력이 독자를 감동

시킨다.

생명성을 보여주는 작품으로는 「잔인한 봄」이 있다.

> 봄이다
>
> 지난겨울 토막 쳐 쌓아놓은
> 나무 등걸에서 싹이 돋아
>
> 연둣빛 여린 입술로
> 죽은 어미의 젖을 빨고 있다.
>
> -「잔인한 봄」 전문

주지하다시피 '봄'은 모든 생명체들이 겨울을 견디고 다시 움트는 계절이다. 그런데 화자는 '잔인한 봄'이라고 한다. 오히려 잔인한 것은 '겨울'이다. 이렇듯 역설화법은 주제를 강조하는 힘을 지녔다. 지난 겨울 땔감으로 쓰기 위해 토막낸 나무등걸에서 새싹이 나는 것을 보고 화자는 "연둣빛 여린 입술로/죽은 어미의 젖을 빨고 있다."고 한다. 토막난 나무등걸을 "죽은 어미"라 하고 싹을 내민 새싹을 "여린 입술", 즉 '젖을 빠는 아기'로 의인화하는 시인의 상상력이 끈질긴 생명력을 부여하고 있다. 우리가 흔히 보았을 평범한 일에 대해 의미를 부여하는 시인의 관찰력과 상상력이 이렇듯 빛나는 시를 쓰게 하는 것에서 놀라지 않을 수 없다.

강만 시인의 시적 경향에서는 '사랑'을 주제로 하는 시편들도 눈에 많이 띈다.

치명적인 그대

사랑하였으므로
깊게 포옹했다
피가 솟아 뼈에 스몄다

이미 각오했나니
고통 없는 사랑이 어디 있으리

천 개의 상처에서
천 개의 붉은 꽃망울이 맺혔다.

-「고슴도치」 전문

사랑은 행복하지만 어려운가보다. 용기와 고통이 따르기 때문이다. 사랑을 하게 되면 자연스럽게 포옹하기 마련이지만 "피가 솟아 뼈에 스"민다. 고슴도치의 사랑은 그것을 알면서 포옹할 줄 아는 용기가 있다. 사랑을 위해서는 어떠한 고통도 감내할줄 알게 되니 사랑은 참으로 위대하다. 사랑 앞에서 비겁하게 줄행랑치는 세태에 사랑을 위해서라면 사랑하는 사람이 '고슴도치'처럼 위험하거나 불편하다해도 이를 껴안을 수 있는 사람이 얼마나 되는지를 묻는 것 같다.

사랑을 하게 되면 필연적으로 에로틱해질 수밖에 없다. 「행복한 주유(注油)」는 강만 시인의 에로티시즘을 보여주는 시편에서 돋보이는 작품이다.

부지런하기로 소문난 주유소 김씨
차의 주유구에 탱탱한 주유기를 넣고
콸콸콸 힘 좋게 주유를 한다
주유를 마치면 빌빌거리던 차들도
신바람이 나
씽씽 달려 나간다
밤늦게 집에 돌아와서도 김씨는
부지런히 주유를 한다

낼 아침엔 아내도
씽씽 달릴 것이다.

-「행복한 주유(注油)」 전문

기름이 떨어지면 주유소에서 자동차에 주유를 한다. 충전된 에너지로 움직이기 때문이다. 그러므로 “주유를 마치면 빌빌거리던 차들도/신바람이 나/씽씽 달려 나간다” 당연한 일이다. 이처럼 일상에서 쉽게 만나는 일을 강만 시인의 상상력은 마치 껍질을 벗기고 새로운 생명으로 탄생하는 새처럼 굳어버린 우리의 두꺼운 감각을 깨고, “밤늦게 집에 돌아와서도 김씨는/부지런히 주유를 한다”고 한다. 이 작품의 백미는 “낼 아침엔 아내도/씽씽 달릴 것이다.”고 한 진술이다. 밤 사이에 남편으로부터 주유를 받았기 때문에 주유받은 차처럼 씽씽 달릴 수 있는 것이다. 인간의 사랑조차 에너지를 통해 움직인다는 기계화시키는 낯섦이 독자들의 감각을 일깨우는데 성공한 작품이다. 그리고 이 작품이 성공할 수 있었던 가장 큰 작동원리는 적절한 유사성의 구사이다. 주유를 하기 위해 주유구에 투입되는 주유기의 남성성이 집에 돌아와서도 부지런히 주유하는 김씨의 남성성과 유사하기 때문이다.

이번 시집에서 자주 만나는 강만 시인의 또다른 시적 경향은 어머니에 대한 그리움이다. 이전의 시집에서도 간간히 나타나긴 했지만, 점점 나이 들어가면서 간절해지며 어머니의 사랑과 희생성에 때로는 몸서리치게 아파하고 그리워한다.

우리 동네 이팝나무들은
오뉴월이면 땡볕에 땀 흘리며 이팝을 짓는다
나무 아래 서면 갓 지은 쌀밥냄새가 고소하다
햇볕 짱짱한 날 어머니가 다시 돌아오시면
이팝나무 아래 모시고 가서
쌀밥 한 그릇 고봉으로 대접하고 싶다
그러면 어머니는 또 그럴 것이다
너나 어서 묵어라
나는 아침을 많이 묵었더니 밥 생각 없구나
항상 우리 몰래만 밥을 묵는 어머니
이팝나무처럼 밥걱정 없는 이 세상에서
한 번만이라도 한 번만이라도
꼭 뵙고 싶다.

-「이팝나무」 전문

지난 시절 우리 어머니들은 가족을 위해 희생했다. 특히 가난한 시절 자식들에게 쌀밥 먹이는 것이 소원이었다. 그래서 '세상에서 가장 보기 좋은 것은 자식의 입에 밥이 들어가는 것'이라는 말이 생겨나기도 했다. 이제 가난한 세월은 지나가고 풍요로운 세상이 되어 누구든지 쌀밥을 먹을 수 있다. 이렇듯 좋은 시절이지만 마치 쌀밥처럼 하얀 이팝나무 꽃을 보면 쌀밥이 떠오르는 것은 가난이라는 상처 때문이다. 그런 까닭에 화자는 이팝나무 아래에 서면 고소한 쌀밥냄새를 맡는다. 그래서 쌀밥 한 번 제대로 먹어보지 못하고 돌아가신 어머니가 이 세상에 다시 돌아올 수 있다면 "이팝나무 아래 모시고 가서/쌀밥 한 그릇 고봉으로 대접하고 싶다" 그럴때면 옛날처럼 어머니는 "너나 어서 묵어라/나는 아침을 많이 묵었더니 밥 생각 없구나" 하실 것이다. 특별한 시적 장치나 비유없이 진솔하고 담담하게 진술형식으로 펼쳐지는 이 작품에 공감하는 것은 "이팝나무처럼 밥 걱정 없는 이 세상에서/한 번만이라도 한 번만이라도/꼭 뵙고 싶"은 절실함 때문이다.

인생 황혼을 향해 가고 있는 강만 시인은 '청년은 꿈을 말하고 노인은 지난 시절을 말한다'는 말처럼 자꾸 옛사람들을 호명하고 옛일을 반추한다.

> 오월이 뜨락의 장미봉오리를 연다
> 팔도 건달 조선 벌이 눈치 채고
> 훌쩍 담을 넘어와
> 장미의 치마 속으로 몸을 디민다
> 장미가 얼굴을 붉힌다

얼굴 붉히던
순자가 보고잡다.

-「첫 경험」 전문

꽃이 피면 벌이 찾아오는 것은 자연의 섭리이다. 장미꽃이 피자 벌이 "장미의 치마 속으로 몸을 디민다" 그러자 "장미가 얼굴을 붉힌다" 화자는 이 모습을 바라보며 "얼굴 붉히던/순자가 보고잡다." 꽃을 찾는 벌을 통해 청춘시절 자신의 러브스토리가 떠올랐기 때문일 것이다. 이 작품은 강만 시인의 전형적인 2연 구조의 짧은 시 형식이다. 1연에서 단순한 자연 현상의 정황을 펼쳐놓고 마지막 연에서 아주 짧은 말을 던짐으로써 1연과 2연이 상관관계를 맺게 하고 합리적인 메시지를 독자들이 얻을 수 있도록 하는 시적 장치이다.

강만 시인의 작품에서 많은 비중을 차지하는 것은 희생성을 묘사한 작품들이다.

순교자들일까?

집단처형 되어
형장에 내걸리면서까지
저들이 목숨으로 지키려 했던 신념은
무엇이었을까

가슴이 서늘해 온다.

-「덕장을 지나며」 전문

주지하다시피 시란 시인의 감정을 가치있게 의미화한 것이다. 그러기 위해서는 일반화된 사전적인 의미를 뛰어넘는 이른바 시적언어를 연마해야 한다. 화자는 덕장을 지나다가 겨울 찬바람에 얼고 녹기를 반복시켜 맛을 들이는 명태들을 보며 "집단처형 되어/형장에 내걸"려 있다고 형상화한다. 인간 입장에서는 단지 명태를 덕장에 매달아 놓았을 뿐인데 명태의 처지에서 생각함으로써 덕장이 처형장이라는 인식을 가능하게 한다. 그런 까닭에 덕장 풍경에서 마치 "목숨으로 지키려 했던 신념"을 떠올리고, 명태들을 "순교자"라는 인식에 이르게 된다. 명태의 죽음, 즉 희생은 맛있는 황태를 인간에게 선사하는 결과를 낳는다. 그러므로 이 작품은 '목숨까지 바치는 명태를 닮을 수 있을까?'라는 성찰의 메시지를 던진다. 그런 까닭에 화자는 "가슴이 서늘해 온다."고 고백할 수 있는 것이다.

이전의 시집에서도 자주 나타났던 시적경향의 하나는 사회를 풍자하고 비판하는 것으로 이번에도 여전히 많은 시편들이 등장한다.

고품격 의상을 걸치고
퇴폐한 자본주의처럼
쇼윈도 안에 마네킹이 서있다
오렌지족을 따라갔는지 머리가 없다

오래 동안 쇼윈도 안을 기웃거리던 여자가
간절한 마음으로 자기 머리를 잘라
마네킹 위에 얹어본다 황홀하다!
경계를 넘어 마네킹이 걸어 나온다

-「압구정동 풍경」 전문

우리는 쉽게 고급옷을 걸치고 쇼윈도 안에 서 있는 마네킹을 볼 수 있다. 마네킹은 생명체가 아니다. 그러므로 생각도 없다. 생각이 없는 사람은 사람이랄 수도 없다. "쇼윈도 안을 기웃거리던 여자가/간절한 마음으로 자기 머리를 잘라/마네킹 위에 얹어본다" 그러자 "황홀하다" 자신의 욕망을 충족시키기 위해 머리까지 자르는 일은 분수에 넘치는 행위이다. 그러자 "마네킹이 걸어 나온다" 실제의 마네킹이 걸어나온 것이 아니라 여자가 마네킹이 되었기 때문이다. 우리는 흔히 "거리에 범람하는" 마네킹을 쉽게 볼 수 있다. 자본주의는 소비가 미덕이다. 그 미덕은 탐욕스러운 자본주의를 퇴폐시키기 일쑤이다. 시인의 말처럼 이 작품은 퇴폐한 자본주의의 한 풍경을 그대로 보여주고 있다.

마지막으로 살펴볼 것은 생로병사의 시작과 끝을 보여주는 작품이다.

우리 동네
길 오른쪽에는 희망 산부인과
길 왼쪽에는 행복 장례식장이 있다

그 길을 건너가는데 사람들은
한평생이 걸렸다.
-「길 건너기」 전문

주변에서 쉽게 볼 수 있는 것이 산부인과와 장례식장이다. 물론 오늘날에는 산부인과가 조금 귀해졌지만 아이들은 산부인과에서 태어난다. 그리고 누구나 한 번쯤 다녀가는 곳이 장례식장이다. 화자의 동네에는 "길 오른쪽에는 희망 산부인과/길 왼쪽에는 행복 장례식장이 있"는가 보다. 그런데 산부인과에서 장례식장을 가는데 "한평생이 걸렸다."고 진술한다. 오른쪽이나 왼쪽에서 또는 왼쪽이나 오른쪽으로 수없이 오고갔을 "그 길을 건너가는데 사람들은 한 평생이 걸"린다는 말은 삶과 죽음을 상징적으로 표현한 말이다. 청년들은 쉽게 이해할 수 없는 말을 노년에 이른 시인은 너무도 명징하게 이해하는 말이 아닐 수 없다. 이는 젊은 시절에는 안 보이던 것도 나이 들어가면서는 보이게 되는 법을 보여주는 것이다.

시인을 일러 말하기를 '귀신의 친구'라고도 한다. 삶과 죽음의 행간에서 강만 시인의 시는 끊임없이 존재에 대한 탐구를 통해 모르는 것도 알게 되고, 못 보던 것도 볼 수 있는 나이에 이르렀다. 이는 단순히 생물학적인 나이를 말하는 것이 아니다. 마치 안테나처럼 허공에 그물을 드리우고 허공을 지나는 보이지 않는 말씀들을 포획하는 정신의 깊이에 이르렀음과 말이 곧 사물이 되고 생명이 되고 있음도 말해준다.

강만 시집
허허虛

2017년 5월 25일 인쇄
2017년 5월 30일 발행

지은이 | 강 만
펴낸이 | 강 경 호
기획 · 인쇄 | (주)시와사람
등 록 | 1994년 6월 10일 제 05-01-0155호
주 소 | 광주시 동구 양림로119번길 21-1(학동)
전 화 | (062)224-5319
팩 스 | (062)225-5319
E-mail | jcapoet@hanmail.net

ISBN 978-89-5665-489-8 03810

값 10,000원

* 지은이와의 협의로 인지를 붙이지 않습니다.
* 이 시집은 광주문화재단의 문예진흥기금을 지원받아 제작되었습니다.

공급처 ■ 한국출판협동조합
경기도 파주시 탄현면 오금리 202번지
주문전화 (02)716-5616, 070-7119-1740